Camomille

Parce-que j'ai besoin de

M'EXPRIMER

Edition : Books on Demand,
12/14 rond-Point des Champs-Elysées, 75008 Paris
Impression : BoD - Books on Demand, Norderstedt, Allemagne
ISBN : 9782322126859
Dépôt légal : Janvier 2019

« L'Art est comme la nature. Il est toujours beau. »
— George Sand, *La Petite Fadette*, 1849

Les temps ont muté,
Enfin, je vois comme tout est beau,
Je suis amoureuse de l'éternité
Et tout ça, grâce à un Plot.

23/06/2017

Larmes de Joie

23/06/2017

Je ne pleure pas de tristesse. C'est juste que je repense à toutes ces choses horribles que j'ai vécues, ces choses que jamais personne ne devrait avoir à subir ; j'ai dû entendre des mots atroces, faire de force des gestes que jamais ni enfant ni quiconque de tout âge de devrait jamais avoir à faire sans désir ni consentement ; depuis mon plus jeune âge ma vie n'a été qu'un long et atroce cauchemar jusqu'à ce que je vous rencontre tous et que vous me réveilliez de mon désespoir. Vous n'imaginez pas une seule seconde à quel point je vous porte d'affection, si bien que je me rends malade de vous aimer tant.

Désormais, grâce à vous, mon avenir n'est plus qu'un merveilleux film où tout reste possible. Les paysages autour de moi n'étaient jamais aussi beaux, les maisons, les églises n'ont jamais été aussi grandes et volumineuses et majestueuses qu'aujourd'hui. Je n'ai jamais ri aussi fort, sourit aussi grand, eu les yeux aussi brillants d'espoir et ouverts de joie que désormais. À partir de maintenant, je vais rattraper tout le temps perdu à me foudroyer sur mon

sort pour refaire le Monde.

Vivement qu'on Rentre

22/07/2017

J'ai fumé un pétard
Sur une plage de la Manche
Pour chasser le cafard
Qui anime mes vacances.

Loin d'eux, loin de tout,
Loin de lui, je suis fou ;
En Bretagne, loin de yeux,
En Alsace, près du cœur :
Les Plotteurs.

J'aurais, si j'avais pu,
Emmené avec moi
Ces personnes qui savent
Consoler mes tracas.

Et le spleen, comme toujours,
Qui me suit au pas,
J'aurai beau tout faire pour,
Il ne me quitte pas.

J'ai peur
Et constamment peur,
Il n'y a que le vert
Pour soulager ma douleur.

C'est fade
Et toujours aussi fade,
Il n'y a que le rouge

Tout me semble fade et gris,
Il n'y a que le rouge
Qui console mon ennui.

PLEINES DE SANG

Sans même serrer les dents.

J'ai peur
Et constamment peur,
Il n'y a que le vert pour soulager ma douleur.

Tout me semble fade et gris,
Il n'y a que le rouge
Qui console mon ennui :
DES TÂCHES DE SANG
SANS MÊME SERRER LES DENTS.

17/08/2017

Ma Muse le Fantôme

22/08/2017

Je n'écris plus vraiment

À propos de toi,

Car c'est vrai qu'avec le temps

L'inspiration n'y est pas.

Que vais-je raconter dans mes poèmes

Si ce n'est nos lointains « je t'aime »

Et le manque de ta personne ?

Il n'y a plus aucun message,

Ces refrains sont dépassés :

La pluie qui devient orage

Date déjà de trois années.

Adieu Fantôme

30/08/2017

Dernière allusion,
Dernier message,
Fin de l'illusion :
La pluie a toujours été orage.

Ne m'en veux pas
Pour cette inspiration,
Ce n'est que mon sac de frappe,
Mon passe-temps, ma passion.

Et si malgré tout, ce que j'écris
Te pose souci,
Sache que mes problèmes
Je les règle en poème
Quelques soient les avis.

Je t'ai assez dit merci,
J'avais de la poussière plein les yeux :

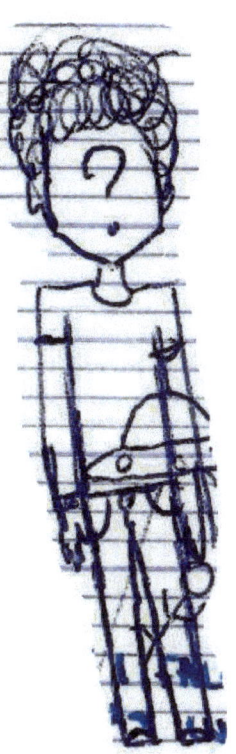

Fantôme, ADIEU.

Les Bulles de Fumée

08/09/2017

Petite, déjà,
J'aimais bien les bulles de savon ;
J'étais plus douée avec ça
Qu'avec les jeux de ballon.

Au visage,
C'étaient les coups et les jurons,
J'ai dû traverser les âges
Pour comprendre ma malédiction.

Le spleen,
Lily et Carolyn
Sont une partie de moi,
Ni la psycho, ni la médecine
Ne m'en débarrassera.

Aujourd'hui,
Je n'ai plus que ses bras
Et les sorties la nuit
Pour calmer le tracas
Du Harvey de ma vie.

« WUBBA LUBBA DUB DUB ! »,
Ais-je bien souvent crié,
Avec de la trap ou du dub
Au volume le plus élevé.

Des amis et du cannabis
Pour alléger mon supplice,
J'ai juste une plume et des crayons
Qui m'empêchent d'atteindre l'abysse
Mais une énième ~~déception~~ dépression
Ne serait pas une surprise.

Autour de moi,
Que des doudous pendus, suicidés :

Petite, je savais déjà
Que tous les rêves partent en fumée.

Agitées sont mes nuits...

13/09/2017

Agitées sont mes nuits,
Mais l'vrai cauchemar est au réveil :
Quand je retourne à la vraie vie,
Encore un peu def' de la veille.

Il fait de nouveau gris,
Et je voudrais être franche :
Je veux parler de mes esprits
Mais la page restera blanche.

En route vers le lycée,
J'ai des haut-le-coeur,
Encore la faute à l'Anxiété
Qui me détruit sans rancoeur.

Je prends sur moi,
Mais j'ai toujours aussi froid
De l'intérieur,
Et quand je n'en peux plus
Je me cache et je pleure.

Sincérité

21/09/2017

Je voulais écrire

Mais la page est restée blanche,

Comme chacun de mes sourires

Car je ne suis jamais franche.

Sauf quand je dis à tous ces gens,

Quand je leur dis que je les aime

Je ne puis être plus sincère,

Quand je leur dis que je les aime

Je ne puis être plus sincère.

Au Parc

Je ne veux pas retourner en cours. Je veux rester ici, méditer et refaire le Monde. Je veux rester seule, voyager dans **mon** monde. Explorer l'univers au delà des frontières, au delà des règles. Elles ne m'empêcheront pas de faire mes propres choix.

Sentir le soleil sur ma peau, m'éblouir les yeux. Laisser les quelques nuages apporter un peu d'ombre, le vent doux soulever ma feuille et mes cheveux. Respirer l'air frais qu'amènent les arbres, profiter de leur feuillage vert et jaune avant qu'il ne disparaisse en même temps que tout espoir. Poser mes écouteurs de côté, pour une fois, et écouter le silence.

Les mémoires de la Seconde Guerre Mondiale en France
depuis 1945

Je ne veux pas retourner en cours.
Je veux rester ici, méditer et refaire
le monde. Je veux rester seule,
voyager dans mon monde.
Explorer l'univers au delà des
frontières, et au delà des règles.
Elles ne m'empêcheront pas de faire mes propres
choix.
   Sentir le soleil sur ma peau, m'éblouir les yeux.
Laisser les quelques nuages apporter un peu d'ombre,
le vent doux soulever ma feuille et mes cheveux.
Respirer l'air frais qu'amènent les arbres, profiter de
leur feuillage vert et jaune avant qu'il ne
disparaisse en même temps que tout espoir.
Poser mes écouteurs de côté, pour une fois, et écouter le
silence.

ROLL, BUS, ROLL,
TAKE ME OFF

22/09/2017

Camomille

SOMEBODY KILL ME,
PLEASE

OO OO AA

Fin Septembre

25/09/2017

Il est fin septembre
Et l'automne m'inspire à nouveau,
L'été est mort avec les feuilles
Et il fait rarement chaud.

Hiver ou pas,
Ce sera long et pénible, comme à chaque fois,
Carolyn et Lily
S'acharneront sur moi.

Terrifiée,
Je me réfugie chez Camomile Nostalgia
Puis la chasse, puisqu'elle ne peut plus m'aider.

Je n'ai que l'alcool et la fumée
Pour, un peu, oublier,
Même si chaque retour à la réalité
Est d'autant plus violent
Le jour d'après.

Près d'elle, près de lui,
Près d'eux, mes amis,
La Solitude fuit,
Parfois mes angoisses, aussi.

Pour me cacher je vais faire la fête ou mater des séries,
Mais quand, prise sur le fait
Par la vraie vie
Que je fixe avec effroi,
Je laisse tomber Netflix ou mon verre de vodka

Pour pleurer dans le noir et dans le froid.

you don't need
be sick to say
you have fever

Ouragan

there is more to life...

blah
blah
blah

?

Pas besoin d'être malade pour avoir de la fièvre pour...

Against all authority

Break a leg and you crush my heat
I'm a mess and you're a work of art

GO HOME DRAWING

C'EST FACILE.

TROP

histoire...

plus barbant

you're DRUNK

C'EST
ACILE.

la créativité,
c'est tu penses
tellement que tu
as besoin de
t'étaler, alors tu
t'étales, tu t'étales
partout sur le papier

nia nia nia
pulses

Automne

26/09/2017

Je me sens perdue. Plus rien n'est intéressant. Je veux juste manger, dormir, baiser, boire et fumer de l'herbe. Mais même tout ça n'a réellement d'intérêt. Il faut survivre. Survivre au nom de l'Art, au nom de mon engagement.

L'automne est là et je m'imagine, d'avance, marcher dans la forêt, seule, en quête de rêverie. Des vêtements chauds, de quoi écrire. Une thermos de chocolat, des biscuits, des noix et des oranges. Et, contrairement aux années précédentes, du tabac, des feuilles et de la beuh. J'irai méditer à la recherche de mon éveil spirituel, à la recherche d'un bonheur auquel je ne crois plus.

Clic-Clac

30/09/2017

Maintenant je me retrouve là,

Sur le clic-clac de l'appart'

De mon pote, pèt' au bec,

Yeux bien secs,

Pour l'instant aucune larme

Ne viendra tout gâcher,

La ganja comme une arme

Face à l'obscurité.

La Rose
(elle s'appelait Mallaury)

02/10/2017

Une rose aussi rouge
Que son rouge à lèvres,
Plus rien ne bouge
Quand sa frange se décoiffe,
Quand, sous ses aspects d'ange
Elle crie au secours.

Si belle, pourtant si complexée,
La rose essaie de se cacher
Sous ses rires qui me séduisent à chaque fois ;
Fragile, elle se croit,
Mais ses épines sont puissantes
Et sa tige solide comme du bois,
Et ses pétales, parfois écorchés
Sont toujours aussi envoûtants
De beauté.

Sous le poids de sa peine, il lui arrive de céder,
Mais elle reste toujours aussi forte par delà ses larmes,
Et quand je le peux, je m'empresse de les sécher
Car la Rose est, à ce jour,
La plus tenace de mes amitiés.

C'est octobre quand j'écris ce refrain
Et il est bientôt 4h20,
Mais j'ai pas d'quoi m'rouler un joint
Ni la force de m'lever le matin.

Pour m'occuper, je mate un porno ou deux,
Je grignote, beaucoup, je pleure un petit peu,
Je tourne en rond dans ma chambre
En rêvant de chanvre.

Je devrais la ranger, d'ailleurs ;
Et malheur à ceux qui
J'ai fait chavirer le cœur :
C'est qu'à aimer un Ouragan
On finit blessé, bien souvent.

C'est octobre quand j'écris ce refrain
Et il est bientôt 4h20,
Mais j'ai pas d'quoi m'rouler un joint
Ni la force de m'lever l'matin.

C'est octobre et il est 4h20
Quand je finis ce refrain,
Je m'enivre de substances et de poèmes qui servent à rien
En espérant réussir à me bouger
Avant 4h21.

Freestyle du soir

11/10/2017

Pardon,
J'cacherai pas ma dépression
Juste pour donner bonne impression ;
J'suis sous pression,
Et l'école c'est comme à la prison.

J'écris ce texte sur une feuille Bristol pour les cartons de
mes pilons
Tout ce que j'espère,
C'est ne pas perdre l'inspiration.

La vie c'est pas se donner à fond dans sa profession pour un
salaire de misère et faire en sorte que chaque membre du
foyer ait sa portion jusqu'à c'qu'on nous mette dans une
maison d'retraite où on attend la Faucheuse devant un
feuilleton ;
À mon cinquantième anniversaire offrez-moi juste une
corde et un tabouret
Et tout sera prêt...

Tout sera prêt.

Hein ?

19/10/2017

J'ai les yeux ouverts
Mais mon regard est éteint,
Bientôt, le spleen de l'hiver
Me frappera chaque matin.

Il n'y a que quand mon corps est étreint
Par quelque ami, amoureux incertain
Que la vie dans mon esprit reprend de l'entrain
Et se lance dans une danse sans chagrin.

Je recherche quelqu'un
Qui pourrait me sauver
Et combler mes besoins
D'enfant pas assez aimée.

Je pourrais combler les siens
Et nous pourrions nous aimer,
Juste pour emmerder tous ceux qui
Ne croient en l'amour du prochain.

Longtemps dans ma vie j'ai hésité entre me jeter dans ou
sous un train
Juste pour fuir l'ennui du train-train assassin,
Trouver un endroit paumé, lointain où j'pourrais m'mettre
bien,
Un temps plus serein loin de mes anciens refrains.

Souvent, je recherche quelqu'un
Qui pourrait me tendre la main,
Me tirer hors de l'eau, me sortir de mon pétrin,
Me tirer vers le haut quand mes yeux lâchent du crachin.

J'ai pas peur de l'avenir,
Seulement de devenir
L'opposé de mes valeurs qui me tiennent tant à cœur
Et que tous mes messages d'espoir, pour le Monde ne
servent à rien.

Au placard, la Licorne et le Dauphin,
Il n'y a plus que des souvenirs
Qui me font rarement sourire.

J'en ai marre,
J'ai toujours le béguin
Pour ce type au verre de vin,
Charmant dans sa détresse camouflée -
Mais tous mes essais sont vains.

Alors je m'enfonce
Dans des forêts de sapins,
Je me défonce
Avec ce que j'ai sous la main
Et en tawa, on voit bien le résultat
Quand j'ai bu trop de vin, fumé trop de joints,
Quand je me noie dans un énième verre de vodka,
Quand je roule mon chagrin dans le spliff du 420.

Des fois, j'aime tout le monde, enfin,
La diversité de ses desseins, ses parfums,
Ses sourires qui n'ont jamais de fin
Car, gravés dans ma mémoire

Ils soulagent la douleur de l'amour qui ne coupe jamais ma
faim.

La verte se fume,
La fumée se hume.
Le peuple se plume,
La vie se consume,
Les fautes ne s'assument
Pas tant qu'elles restent dans la brume.

Non, tous les enfants
Ne sont pas innocents :
J'ai vu, devant moi, mes rêves se faire éclater.
Mon argent, lui aussi, est parti en fumée.

29/10/2017

Bienvenue dans ma Tête

05/11/2017

J'entendrai plus le « pom polom polom » collectif des jeunes voix muées, alcoolisées de mes nouveaux potes fraîchement bacheliers
Quand La Secte Phonétik souhaite la bienvenue à tous les invités,
Il n'y aura plus jamais ce sourire nouveau sur mon visage,
Ce sourire qui chassait les mauvais présages.

La techno ne sera pas toujours pareille,
Ce sera jamais le même « boum boum » dans les oreilles,
Jamais les mêmes personnes, jamais les mêmes bouteilles ;
J'aurai jamais les mêmes impressions de cet éveil
Spirituel, ni de ces rencontres nouvelles
Ni le même regard charnel
Qui me fait me sentir plus belle.

La verte ne me fera plus jamais autant pousser d'ailes,
Car aujourd'hui, je la connais, et ne peux me passer d'elle
Ni de la musique, qui m'entraîne et m'emmène
Et je me démène pour chasser mes pensées malsaines
Pendant que je danse et que je crie, en transe sur la scène.

1, 2, 3, soleil !
Le cauchemar, c'est quand j'me réveille,
Sobre, dans mon lit, même plus bourrée de la veille.

Octobre, c'est fini, c'est Novembre qui se réveille,
Opprobre, Anxiety, quand tu piques plus fort qu'une abeille.

On ne fume son premier joint qu'une fois dans sa vie,
Quand on rencontre quelqu'un, sera-ce un jour un ami ?
Et mes premiers verres d'alcool, première désinhibition,
Qui m'a donné tant d'espoir, et autant d'inspiration ;
Pourquoi est-ce devenu si fade ? Où est passée la magie ?
En tout cas, mes initiateurs, je ne peux que leur dire merci.

Ils me manquent, d'ailleurs :
Je ne les ai vus depuis un temps,
Sauf le principal acteur,
Je l'ai revu y'a pas longtemps.

Malgré mon sentiment indifférent
J'avais un peu peur :
Je m'attendais à un mépris, une rancœur,
Mais pourtant
Nous avons voyagé
Et tout s'est bien passé
Finalement.

Je veux de la drogue et mes amis bien-aimés,
Avant la morgue, des jours ensoleillés,
Des moments de pure simplicité,
Des amants, et des grosses soirées :
Passer mon temps à essayer d'oublier.

I) ~~La~~ ~~et la peur~~ La dépersonnalisa° | II) La déshumanisa°

A) Physique (vêtements, cheveux...)
B) Morale (catégorisés, numéros...)
C) Émotionnelle (doivent être des "machines" sans sentiments, séparation hommes femmes enfants...)

II) La déshumanisa°

A)
B)
C) trop stressée

mauvaise langée

incapable d'avancer.

trop

sans avenir.

SS etc aussi déshumanisés & sous pression pour obéir

nulle

RATÉE TERRIBLE PERDUE SEULE BRISÉE

stupide

Mère plus num° / animaux etc, vraimen plus rien → objets

INCAPABLE.

trop maigre

PATHÉTIQUE

PEACE

trop contre

dépressive et re-dépressive.

"Un cheval qui est un cheval, les nuages qui viennent de l'Ouest, toutes les choses que le SS ne peut pas contester sont sublimes, jusqu'à la gravité qui fait que le SS peut tomber"

— L'espèce Humaine
Robert Antelm

superficielle

désespérante et désespérée.

pas maigre, juste fine.

petits seins

Perdue et nulle

trop créative

trop créative, pas assez productive

J'en ai assez d'avoir la trouille.

attardée "surdouée" de mon CUL.

trop créative pas assez productive

Solitude dans ma Chambre

12/11/2017

Je **DEPRIME** quand je suis seule dans cette chambre
Où je ne peux m'accrocher qu'à mes **REVES**,
Quand je sens que je crève
D'ennui et ne peut y mettre trêve.

Tous dehors sans moi,

Une seule question : « **POURQUOI ?**»,
Depuis l'enfance, toujours pareil :
Pas d'chance, pas d'espoir, pas d'sommeil,
Je n'ai que **L'ART** et mes poèmes,
Pour dire que j'en ai marre, pas d'belle vie, pas d' « je
t'aime » ;
J'aimerais dire qu'ça va pas durer
Mais ça fait 17 ans qu'ça pousse,
Que je ne sais que **CHIALER**
Et m'enfuir dans la drogue douce.

J'fume un bédo de pollen
Dans un filtre à tuber
Pour tenter de chasser la peine
Qui **M'ACHEVE** depuis tant d'années.

J'ai plus d'feuilles, plus d'conso, plus d'toncards
Pas d'cerceuil, pas d'argent, pas d'espoir :
J'passe mon temps à fuir les **CAUCHEMARS**
Qui me poursuivent dans le noir,

Les enfants méchants
Qui m'ont REJETEE et mise à part,
Ma tâche finale d'allemand
Et tous mes autres devoirs.

J'ai les ongles rongés et les mains moites,
Les yeux constamment cernés
Par tout ce que je rate,
Le cœur qui s'emballe, les poumons qui suivent plus,
La PEUR qui s'étale, et les attentes déchues,
Je n'dors pas ou j'ai la dalle, je suffoque et je sue,
S'épuisent le corps, et les pensées en surplus,
La tise qui se gerbe lorsque j'ai un peu trop bu,
La peau qui gratte des INSULTES entendues,
Des mélodies infantiles que je bouche en fufu

Et Fanfan, doudou d'enfance déçue : PENDU.

Toute gamine, toute façon, j'étais déjà PERDUE,
Petite mine, le temps long face aux vérités que j'ai pas
crues,
Les personnes MALSAINES qui m'ont fait subir des abus,
L'angoisse à la cantine, de ne pas être attendue,
La poisse de Caroline, Caliméro jamais vue,
Comme une PLEURNICHEUSE perçue,
Leurs critiques j'ai aperçu.

Erik qui vient me hanter,
L'assassiner j'aurais dû,
Pourquoi suis-je CONDAMNEE ?
Je ne l'aurai jamais su.

Je ne fais que me demander,
Est-ce que je suis DEFONCEE ?
Sûre, je ne le suis jamais
De ressentir les effets.

Au fond, je sais bien que je le suis
Puisque je me pose la question,
Et puis le THC me sauve la vie,
Comme mes PROJETS et ambitions.

Le mercredi après-midi,
Mes jouets étaient mes seuls amis :
PetShop-Ville comme UNIVERS
Pour fuir la réalité amère.

Le SUICIDE attendra,
J'ai trop de projets à finir
Avant de mourir,
Camomille SURVIVRA
Même si elle n'a pas d'avenir.

Difficile ce sera
Dans les années à venir,
Surtout si n'ai pas de bras
Pour M'ENLACER avant de dormir.

Après-tout je suis une **ARTISTE D'AME** :
J'ai pas de sérénité, pas de futur,
Juste la société qui me blâme
D'être son fruit pourri, trop mûr.

« J'ai rien fait de mal, je le jure, je le jure ! »
« Arrête de jurer ! » me crièrent les filles, **POINGS LEVES**
Vers mon visage d'enfant dite trop mûre pour son âge,
        Maintenant ces images m'habitent, à jamais

TRAUMATISEE,

Les coups, les claques, les bousculades, les griffures,
Les moqueries, les rejets, les insultes, les injures
Pour punir mes larmes, mes rêveries, mon allure ;
Toute petite, devant le monde, et vite mise face à un mur,
L'AIS-JE VRAIMENT MERITE   ?
Je n'en suis pas si sûre.

Tous ces souvenirs obscurs
Qui se transforment en vers,
Quand l'Anxiété me susurre
Que j'ai fait un pas de travers,
Et que ce n'est que le début :
Après la tempête viendront les obus.

Peu d'chances de s'en sortir, s'ils en ont
marre tôt.

LA BEAUTÉ C'EST SUBJECTIF

DON'T WANT TO work like school wants me to

LET ME DREAM IN PEACE

my mood

il pleut de la joie

C'EST À PROPOS DE LA NUIT

ESCAPE LANDSCAPE
TCHOU TCHOU

ESCAPE

TIRED FATIGUÉ ET VOULAIR L'ÉCHAPPER DE LA RÉALITÉ ET DE CET UNIVERS PAS FAIT POUR ME PLAIRE.

WELCOME TO LANESCAPE

SAD & SICK

I'M HUNGRY
AND TIRED
AND SAD
AND SICK

WIND & HEAT

LA NUIT
it's all about

PRESSURE

c'est quand tu trouves le moyen de t'échapper

WATER

80 DAYS UNTIL HALLOWEEN

DO YOU WANT TO PLAY SAD & SICK ?

Le Jour de l'An
Est la célébration du temps,
Pétard au balcon,
Pétards dans le ciel,
Cheveux en pétard
Chopée tard dans la nuit.

02/01/2018

La Flèche

La plume gratte sur le papier,
Le joint se consume dans le cendrier
Tandis que ma vie, toute tracée
Dévie sous ma commande vers mes rêves enivrés.

Une page, un bédo, un cahier,
Des images, une tisane, mes pensées,
Ordi, doudou, musique au volume élevé,

Guitare, synthé', ukulélé,
Les trois accords, c'est pas mon fort,
Je préfère écrire et dessiner.

Des pages et des pages de gribouillages
Reflètent l'image de mes déviances cérébrales,
Qui, lorsque j'ai de la chance,
M'entraînent vers le St Graal.

Née anormale, j'ai grandi dans un cauchemar,
Je mûris loin des Ouragans et des barbares,
J'veux pas aller en classe, ni travailler, ni me faire une
place :
J'préfère courir après mes rêves avant qu'il ne soit trop tard.

Plus de psy, plus de cachets,
Je laisse la place à mes amis et à l'herbe qui fait planer,
Depuis je me sens mieux, on remarque que j'ai changé :

Je ne suis plus un Ouragan, je suis une Flèche déterminée.

Joint Tubé

05/01/2018

Un joint tubé, parce-que j'ai plus d'feuilles,

Souvenirs refoulés, j'essaye de faire mon deuil,

J'essaye de n'plus pleurer mais j'ai souvent la larme à l'œil,

Je veux tout arranger mais tout me retombe sur la gueule.

J'arrive plus à faire de ronds :

J'ai un nœud dans la gorge,

Je n'ai plus d'inspiration :

Pour en avoir, je dois souffrir ou fumer un pilon ;

Le jour où j'écrirai de belles chansons

J'aurai perdu mon âme d'artiste,

Âme tourmentée qu'on partage entre rêveurs utopistes.

Vers fantômes

10/01/2018

Après quelques verres,
Quelques notes, quelques rêves, un plan concert,
Bouffées de verte, mes cheveux verts
Gondolent dans le froid de l'hiver
Et on se perd
Dans nos jeunesses, déter',
Mine déterrée quand y'a plus R
Dans le grinder,
Hempty, plus que du Lexo' pour me soigner,
La fumée d'une clope en train de se diffuser
On me la fait pas à l'envers,
Le Monde ne tourne pas rond, et moi non plus :
J'passe mon temps à écrire des vers

Dont personne ne posera les yeux dessus.

Arcs-en-Ciel

11/01/2018

Il y a parfois des arcs noirs dans les cordes du ciel,

Quand je me perds dans le brouillard qui me borde en lune

de miel.

Une vieille maison qui sert de squat, le visage pâle, les

mains moites,

La peau qui gratte et je vais graffer tous les espoirs

abandonnés

Pour rappeler la société, les désarmés, les délaissés de

comment faire pour résister,

Sans s'laisser faire, laissant la laisse de la paresse dans le

passé ;

J'vais dessiner des arcs-en-ciel dans ce Monde aseptisé.

Il y a parfois des arcs noirs dans les cordes du ciel, Quand je me perds dans le brouillard qui me borde en lune de miel. Une vieille maison qui sert de squatte, le visage pâle, les mains moites, La peau qui gratte et je vais rappeler tous les espoirs abandonnés pour affoler la société, les désarmés, les délaissés de comment faire pour résister, Sans s'laisser faire, laissant la laisse de la parade dans le passé ; J'vais dessiner des arcs-en-ciel dans ce Monde aseptisé.

J'ai emmené ma Solitude avec moi dans le bus,
Elle me suivra jusqu'à la mort, jusqu'au terminus.

14/01/2018

Les Fleurs du Mal

18/01/2018

J'écris au lieu de bâcher pour mon bac,

Et je garde toujours Les Fleurs du Mal au fond de mon sac

Pour me rappeler que ce sont les plus tristes

Qui font les plus grands artistes.

Ma vie est si brève et j'ai déjà tant vécu,

La tête pleine de rêves qu'on a souvent déchu,

Artiste est un travail à plein temps,

Tourmentée, j'attends le retour du printemps

Pour voir fleurir les Fleurs du Mal

Dans le bouquet du Temps.

Où sont-ils passés ?

22/01/2018

Aujourd'hui j'me suis souvenue
De Carolyn Anxiety, Lily, Erik et Nostalgie
Désormais ils ne me suivent plus
Que lorsque l'Ouragan passe sur ma vie.

Baudelaire l'avait dit :
Le pire des monstres, c'est l'Ennui !
Donc maintenant que je guéris
Je m'occupe avec l'oubli.

Où sont passés
Les plots, le théâtre, nos pilons mal roulés ?
Nos campings, nos après-midi ensoleillées ?
Les piscines, creusées dans les jardins de mes amis,
Nos yeux rouges à cause du chlore, ou du pèt', ou des
larmes, on sait pas trop,
Le soleil qui rôdait sur ma vie
S'en est allé au fond de mon cerveau.

Où sont passés
Le bateau et toutes nos conneries,
Et notre goût pour l'aventure ?
Toutes nos soirées
Pour soulager la torture
De nos tourments communs ?
Nos joints et nos verres bien dosés
Pour ne pas penser à demain ?

Le lendemain, on y est,
Et ce sont nos amitiés qu'on a oublié,
Nos fous-rires, nos points communs,
La ligne de mire qui a lié nos destins,
Les souffrances qu'on partage et l'humour qui nous rejoint.

Où sont passés
Nos jours heureux de l'été ?
À présent,
Tout s'est envolé, pourtant
Il n'y avait plus d'Ouragan.

Pourquoi marcher quand on peut courir ?

24/01/2018

Pourquoi rester assis
Quand on peut se lever ?
Puisque je peux courir,
Pourquoi je marcherais ?

Sombre, elle devient, la forêt,
L'ombre, en mon sein, disparaît :
La chaise, sous mes fesses, j'ai enlevé,
Je me suis mise à mon aise, et je me suis levée.
Maintenant que je sais marcher,
J'aimerais mieux courir,
Je n'ai pas peur de tomber :
J'ai déjà connu bien pire.

Pourquoi rester assis
Quand on peut se lever ?
Pourquoi subir sa vie
Quand on peut rêver ?
Puisque je peux courir,
Pourquoi je marcherais ?
Puisque je peux sourire,
Pourquoi je pleurerais ?
Pourquoi rester assis
Quand on peut se lever ?

Puisque je peux courir,
Pourquoi je marcherais ?
Puisque je crois en mon avenir,
Pourquoi je m'arrêterais ?
Puisque je peux courir,
Pourquoi je marcherais ?
Pourquoi rester assis
Quand on peut se lever ?

Et puisque je peux courir,

Pourquoi je marcherais ?

Pourquoi je marcherais ?

Pourquoi je marcherais ?

Enfance

27/01/2018

Dans mon enfance et ses échos,
J'avais pourtant l'air heureuse :
Je souriais sur les photos
Mais je n'étais qu'une pleurnicheuse,
Mes rêves tombés à l'eau
Je suis devenue trop anxieuse ;
On ne trouve aucune vidéo
Où mes larmes coulent,
Mais j'étais une caliméro
Encore aujourd'hui mes espoirs s'écroulent.

Petite fille qu'on croyait normale,
Elle regardait Tom&Jerry et ne rangeait pas sa chambre,
Elle dessinait sa vie avec des couleurs pâles,
Elle grandissait pas assez vite, elle en avait marre
d'attendre.

Ceux de son âge étaient bêtes, les plus grands
l'impressionnaient,
Et dans sa toute petite tête un flot de pensées l'envahissait,
Des images et des souvenirs qui, trop vite, circulaient,
Torturée si jeune, par son propre esprit, différente elle se
sentait.

Précoce, en fait, elle souffrait pour le Monde,

Pauv' gosse insatisfaite dont les envies vagabondent

Loin de cette réalité trop fade et trop rangée pour cette

petite

Qui avait besoin d'art abstrait et d'aventure, dont la vie

n'était pas écrite.

Le Jardin

01/02/2018

J'avale un quart de Lexomil et je m'allume une cigarette,
Camomille aux mille maux, posant ses mots de poète,
J'ai plus d'argent pour la beuh, j'ai tout dépensé dans les
bars,
Je me sens seule et enfermée, mais j'ai nulle part où aller,
j'en ai marre.

Pour nous autres, âmes torturées,
Seul l'Art peut nous sauver,
Même si souvent, on meurt d'overdose ou de suicide
Parce-qu'on est toujours en fuite de nos visions trop lucides.

Mais j'veux pas finir dans un caniveau,
Comme l'histoire de cet ado
À qui on proposa un simple bédo,
J'veux pas être sous Xanax et sous Lexo,
Sous lithium, avec mon trouble bipolaire,
Je veux juste rêver, partir prendre l'air,
J'ai peut-être pas les idées claires
Mais je ne veux pas prendre ces médicaments qui risquent
de m'assommer,
J'ai trop peur qu'ils finissent par tuer ma créativité.

Et j'emmerde ceux qui pissent
Sur mes avis dérangés,
Je veux aider ceux qui subissent
L'immoralité,
Mes tableaux mes films et mes poèmes, peut-être qu'ils ne
servent à rien,
Mais au moins ils me font du bien.

Je suis une âme torturée
Et seul l'Art peut me sauver,
Je ne mourrai pas d'overdose mais peut-être de suicide
Dans une trentaine d'années, pour fuir mes visions lucides.

Parfois, tout devient limpide :
Je vois les univers et leurs infinités,
Et parfois la peur me tort le bide
À me donner crises et nausées.

Un jour je m'achèterai une grande maison
Où je ferai pousser un vrai jardin d'Éden,
Ils y pousseront du cannabis et des fruits défendus,
J'y ferai des fêtes avec la musique à fond,
Je m'y retrouverai pour chasser ma peine,
Je ferai pousser des Fleurs du Mal et des souffrances mal-
entendues,
Des champignons et de l'opium, et des légumes bio :
J'offrirai le tout au Monde pour sauver ma peau.

Solitudes et Alcoolismes

01/03/2018

Il n'avait rien d'exceptionnel,
Tous mes amis sont morts aussi :
Les seuls de toute ma vie,
Ils sont partis
Loin de l'insouciance
Et des sorties tard la nuit,
Il n'y a plus qu'une odeur rance
De tabac froid dans ma chambre,
Les cigarettes et l'alcool sont les seuls membres
De mon cercle de connaissances.

Fini les rêves d'indifférence,
J'ai gâché mon adolescence
À déprimer et tourner en rond
Dans mon lit et dans le salon.

Je me sens seule et je ne supporte plus
La seule présence de ma personne,
J'allais mieux, je suis redescendue
À l'étage de tristesse où seuls les pleurs résonnent.

Même Marie-Jeanne est partie
Parce-que je n'ai plus d'argent,
Elle me laisse à mes insomnies
Et mes traumatismes d'enfant.

The Alcoholic

15/03/2018

Never feel drunk enough,
Feeling sad when comes the drought,
I drink every week-end and every day
And I guess now I've got to say :

I became an alcoholic,
I feel too sober and I feel so sick,
I just want to drink and ride some dick,
I want you to come over and pick
Me, and we'll drive so far away ;
And we'll have some fun and you'll lay
Me on your bed and we'll fall asleep
In each other's arms even tho I'm so cheap,
So easy, so much weep,
We had some conversations so deep
You got me a leap
From depression to hope so quick.

And I guess you're an alcoholic,
You're so sad, so weak
But you won't never, ever admit it.

So you just remain silent and drown your tears in your wine
And try hard, so hard not to cry,
But since I know you I can hear your desperate whine,
I know you suffer and I also want to die.

I know you don't love me, but if you ever change your mind,
Give me a sign,
I've been too lonely and way too left behind,
But when I see you in the hangover morning sunshine
There's some kind of peacefulness in my mind,
And then you leave and I pine,

Wishing you kissed me once again and were mine.

Des Mots et des Cauchemars

14/04/2018

Assez, y'a tant d'choses que j'voudrais dire,
De tableaux peindre, de poèmes écrire,
Mais l'encre et mes paroles ne suffiront à décrire
L'horreur merveilleuse de la vie à subir.

Le Monde a largué bien des bombes dans ma vie,
Survécu, mais amputée, c'est difficile d'avancer
Dans la boue et les débris, avec les coups et le mépris
Sur mes petites épaules, que je dois porter.

Un coquelicot, un fantôme, un pyromane,
Un lapin, un alcoolique qui émanent
De mes inspirations d'amoureuse pleureuse
Qui, boiteuse, devient buveuse et fumeuse
De substances et de relations fameuses.

Des rêves de dauphins et de licornes
Dans mes pages de papier morne,
Un étalage de dessins sur mes cahiers d'école,
Mes utopies et mes desseins dégobillés quand je picole.

Dis-moi, comment on fait pour être heureux ?
Comment on fait pour s'adapter quand on est aussi
anxieux ?
Comment ça s'fait que les années ne suffisent à remplir le
Vide ?
De gribouiller des sourires, je suis avide.

Lecteur,
Dis-moi, comment tu fais pour être heureux ?
Qu'est-ce que tu fais pour surmonter l'existence et ses
enjeux ?
Est-ce que tu sais comment, enfin, devenir son propre
guide ?

De le savoir, j'en suis avide.

crying and smoking hash.avi

25/04/2018

I have no clue what I'm about to write,
I just feel blue and alone despite
The many friends I have.

So I just stand here, in front of my computer,
Crying and smoking a joint.
Hoping that someday I'll become a good writer.

Dans ma chambre, il y a deux choses qui flottent dans l'air :
De la fumée diffuse et dense qui envahit la pièce,
Et le spleen qui m'abuse de larmes et de paresse.

J'ai envie de rien, juste besoin de tendresse,
D'une présence amicale, de quelque caresse
Qui se perde sur mon corps épuisé -
Chuut ! Sans parler,
Les paroles me fatiguent et pourraient tout gâcher.

Le Chant des Partisans

14/05/2018

Ami, entends-tu le vol noir des corbeaux sur nos plaines?
Ami, entends-tu les cris sourds du pays qu´on enchaîne?
Ohé, partisans, ouvriers et paysans, c´est l´alarme.
Ce soir, mes amis, notre Marianne reprend les armes..

Sortez du bahut, descendez dans la rue, camarades !
Sortez de la paille vos idées, vos gouailles, algarades..
Ohé, travailleurs, étudiants et chômeurs : République !
Ohé, le casseur, attention à ton fardeau : mur de briques..

C´est nous qui brisons les barreaux des prisons pour nos
frères :
La haine à leurs trousses et la faim qui les pousse, la
misère.
Voici le pays tout entier à nouveau en grève..
Ici, nous vois-tu ? Dans la France en Marche foutue,
marche ou crève..

Ici chacun sait ce qu´il veut, ce qu´il fait quand il passe.
Ami, si tu tombes un ami sort de l´ombre à ta place.
La Fête à Macron, on déborde, le président nous redoute..
Chantez, compagnons, dans la nuit la rébellion nous
écoute...

Délire Anxieux

23/05/2018

Inspiration, tout ira bien,
Expiration, poésie et dessins,
Inspiration, autre latte sur le joint,
Expiration, oublier demain.

Dans ce bar, il y a du monde et des verres et des rires,
La musique est trop forte, et j'ai du mal à sourire,
Terrifiée, mais je ne peux ni combattre, ni m'enfuir,
Trop d'informations, de cogitations, je délire.

Mise au monde à mon insue, ma vie est un bad trip,
Existence contre mon gré, elles se remuent, mes tripes,
Donc, afin de résister, c'est à l'Art que je m'agrippe,
Bien assez tôt j'ai su que l'ennui m'étrippe.

Rhum-Café

02/06/2018

Rhum-café, cigarette,
Mon p'tit déj' part en steak,
Purple Kush, une soufflette
Signera mes obsèques.

Mes mauvaises habitudes
Que je ne veux quitter,
Qui soulagent la Solitude
Et me donnent la nausée
Quand mon samedi soir foire,
Quand j'me ressers à boire,
Quand je rentre trop tard,
Quand je crie qu'j'en ai marre,
Quand j'vomis comme j'me sens lasse
Avant d'tirer la chasse.

Quand j'ai pas d'parapluie
Et qu'il pleut sur ma vie,
Souvent, j'me réfugie
Dans le cocktail d'oubli
Jusqu'au bout de la nuit
Ou dans la poésie,
L'Art et sa catharsis
Qui soulage mon supplice
Et laisse une jolie cicatrice.

Polyamour

04/06/2018

Ils sont tous formidables et tourmentent mon esprit,
Les aimer tous à la fois, ça, non je ne l'ai pas choisi.

Il y a cette fille, timide mais adorable comme y'a pas,
À qui j'ai plu longtemps, on était déjà ensemble une fois
Mais on a dû se laisser tomber, c'était trop tôt pour une histoire,
Et maintenant, ça y est, je l'aime à nouveau mais c'est trop tard .

Et il y a lui, lui qui me rassure et qui écrit,
J'avoue que je ne suis pas sûre, encore, de l'aimer vraiment aussi,
Mais il a ce truc – amant, confident, ami –
Qui m'intrigue et me rappelle cette relation dont j'ai tellement envie.

Puis il y a lui, bien sûr, qui aime plus l'eau-de-vie que la vie,
Qui lève son verre, et son majeur encore plus haut,
Mais responsable quand il conduit
Et se contente d'un verre d'eau.

Polyamour, poly-torture,
D'être faite pour, je suis pas sûre,
Faire la cour à gauche, à droite,
Trop compliqué, j'suis maladroite.

Mais il y a cette fille, plus gentille qu'une biche,
Si calme, compatissante, j'pense que maintenant elle s'en fiche
De moi, au sens amoureux en tout cas,
C'est une excellente amie mais je doute que ça aille plus loin que ça.

Et il y a lui, surtout, aucune larme sur les joues
Mais l'âme amère, comme sa bière,
Toujours un air de monsieur-je-sais-tout
Pour cacher sa misère qui le met à terre
Et le pousse à bout.

Polyamour, poly-torture,
D'être faite pour, je suis pas sûre,
Faire la cour à gauche, à droite,
Trop compliqué, j'suis maladroite.

Parce-qu'il y a toi, toi Chloé,
J'avoue, je ne sais plus quoi penser,
Est-ce que tu m'aimes aussi ?
J'en doute, mais c'est sûr, tu m'apprécies.

Et surtout il y a toi, toi Xavier,
Toi qui toute montagne pourrait braver,
Toi qui tout problème saurait arranger
Par un simple « j'en ai rien à branler »,
Toi que gêne les « je t'aime » et les baisers volés,
Toi que personne ne pourra jamais vraiment connaître,
Puisque tu as toujours ton masque, tes airs et tes paraître,

Puisque jamais rien ne te fera montrer ton être,
Puisque même l'alcool ne te fait plus rien,
Puisque personne ne sait ce qui te fait du bien.

Polyamour, poly-torture,
D'être faite pour, je suis pas sûre,
Faire la cour à gauche, à droite,
Trop compliqué, j'suis maladroite.

Guérir

09/06/2018

Dur, c'est dur,
Je ne suis pas sûre
D'y arriver,
Mais je vais essayer.

Trop longtemps
Je me suis enlisée
Dans un Ouragan
Et ses vents déchaînés.

Maintenant
Je voudrais avancer,
Prendre les médicaments
Qui me sont ordonnés,
Aller de l'avant,
Tout recommencer,
Laisser dans l'ère du Temps
Mes poèmes effrontés,
Qui racontent comment
Me suis-je laissée tomber.

J'ai peur, encore,
Faudrait me rassurer,
Je lutte, même quand je dors,
Contre mon Anxiété.

Cette petite fille qui pleure,
Je ne peux rien pour elle,
Je dois aider sa grande sœur,

Lui faire pousser des ailes.

Insomnie

01/07/2018

Il y a un monstre sous mon lit –
Plein de crainte et sans pitié –
Il attend que j'aille me coucher
Et me hante toute la nuit.

Il y a un monstre sous mon lit –
J'essaye de le chasser en vain :
Il revient toujours, de nuit comme de jour,
Il semble que je le connais bien :

Il y a un monstre sous mon lit –
C'est Carolyn Anxiety.

Couvre-Chef

06/07/2018

J'ai transformé mon bonnet d'âne
En chapeau de bachelier,
C'est tout de même une belle arcane
Sachant que je n'ai pas trimé.

J'ai conservé mon béret
D'artiste et de partisane,
Pour prouver à ceux qui disaient
Qu'c'est pas comme ça qu'j'y arriverai
Que l'Éducation est en panne :
Je suis sortie de ses filets.

Tu es une belle personne

22/07/2018

Est-ce que j'ai encore une chance
D'être une belle personne ?
De rentrer dans la danse,
En transe ?

J'ai peur que l'on m'abandonne
Dans cette chambre à l'odeur rance,
Seule, face à tout ce que je pense :
L'overdose, le suicide ;
D'une pause de la vie, je suis avide,
Alcool, drogue et sexe, et pourtant
Je me sens toujours aussi vide.

Dis-moi, Xavier, suis vraiment une belle personne ?
Apparemment, je ne suis bonne
Qu'à tourner en rond, dans ce monde immonde,
À attendre que sonne.. mon téléphone,
Que se pointe, devant ma porte,
Un ami, qui me sourit, et m'emporte
Avec lui, pour partir loin d'ici,
Qu'il m'escorte en me disant qu'il ne s'en remettrait pas, s'il
devait me trouver morte.

Xav, dis-moi,
Ne suis-je vraiment qu'une larve ?
Xav, aide-moi,
J'ai besoin qu'on me console,

Pas avec des mots, non, ni avec de la gnôle,
J'ai besoin de renouveau, j'ai besoin de ton épaule,
J'ai l'impression de devenir folle
Et j'ai très peur de finir en camisole...

Tu voudrais pas qu'on fasse une virée dans ta bagnole ?
Et de tous nos problèmes, qu'on en rigole ?
Putain, je t'aime, désolée, j'y peux rien
Si ton baiser volé, il y a un an m'a fait du bien,
Comme te voir nonchalamment siroter ton vin,
Ou quand tu me parles et me prends la main,
Et la serre fort, très fort, en me disant que t'es certain
Que, sincèrement, je suis quelqu'un de bien.
Et quand je me réveille à tes côtés,
Fatiguée de la veille, encore en train de comater,
J'espère que tu vas te rapprocher, peut-être même m'enlacer,
Et je me sens comme apaisée
Même si je sais parfaitement
Que de moi, tu te fiches complètement,
En tout cas, que c'est ce que tu prétends
Et que jamais, jamais, tu seras mon amant.

Pardon, pardon pour ce poème,
Désolée, désolée mais je t'aime,
Et j'ai besoin de toi, de tes bras, de ta peau,
De tes yeux, ton odeur, tes mots qui chassent mes maux,
Je ne te le dirai pas, j'ai trop peur que tu me tournes le dos.

Annulé

23/07/2018

C'est seulement quand tout est foutu

Qu'on se sent bête d'y avoir cru,

D'y avoir cru si fort

Qu'on a fini par avoir tort ; déçu :

Le projet n'était pas né

Qu'il était déjà mort,

Stupide d'avoir pensé

Qu'il puisse être fait d'or,

Inutiles, ces idées,

Techniques et métaphores,

Il n'a pas supporté

Qu'il faille autant d'efforts

Pour se concrétiser.

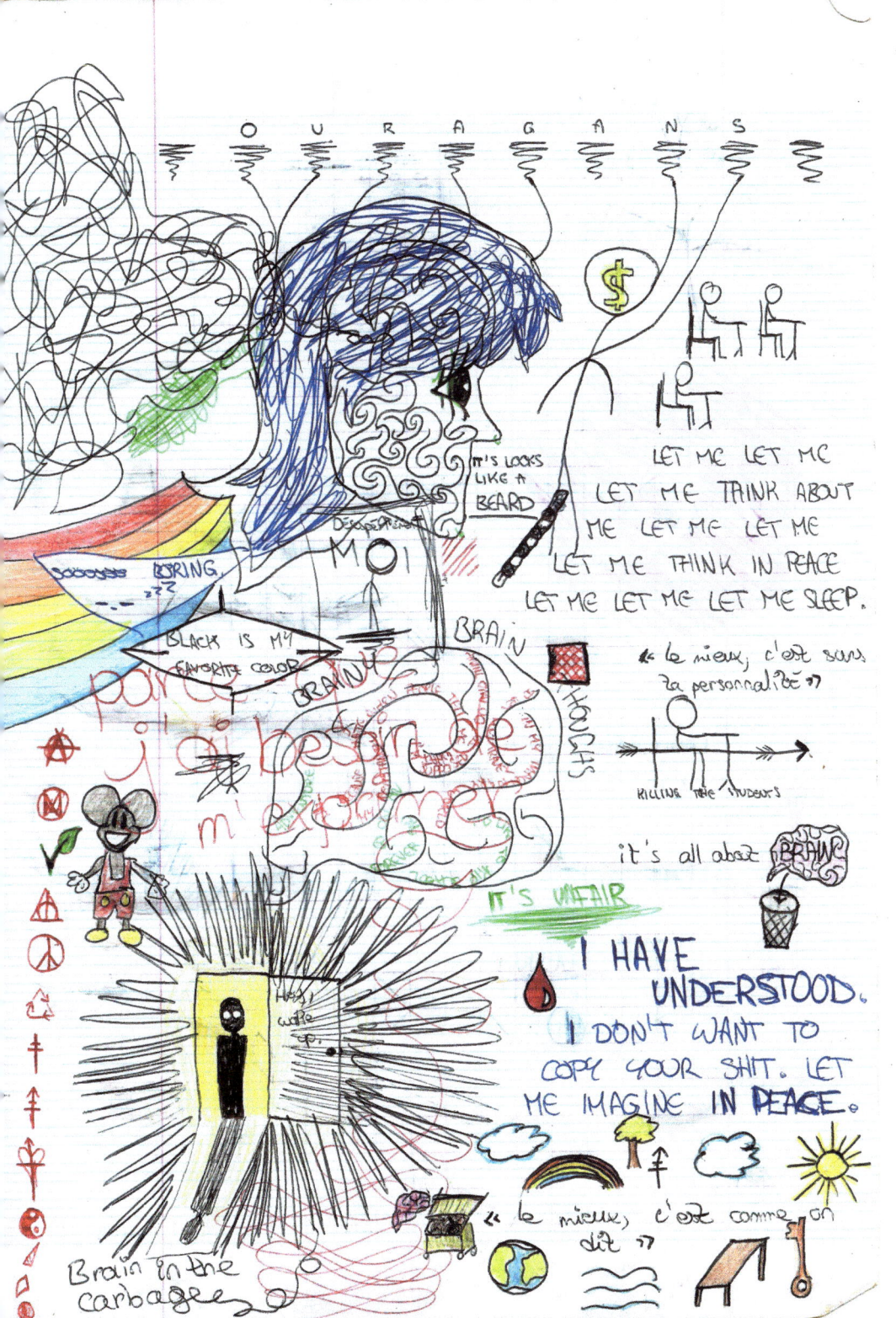

O U R A G A N S

IT'S LOOKS LIKE A BEARD

$

LET ME LET ME
LET ME THINK ABOUT
ME LET ME LET ME
LET ME THINK IN PEACE
LET ME LET ME LET ME SLEEP.

DÉSESPÉRANCE
MOI

BORING
zzz

BRAIN

« le mieux, c'est sans
ta personnalité »

KILLING THE STUDENTS

BLACK IS MY
FAVORITE COLOR

BRAIN

BRAIN
THOUGHTS

it's all about BRAIN

IT'S UNFAIR

I HAVE
UNDERSTOOD.
I DON'T WANT TO
COPY YOUR SHIT. LET
ME IMAGINE IN PEACE.

Hello
cute
P.

« le mieux, c'est comme on
dit »

Brain in the
carbage

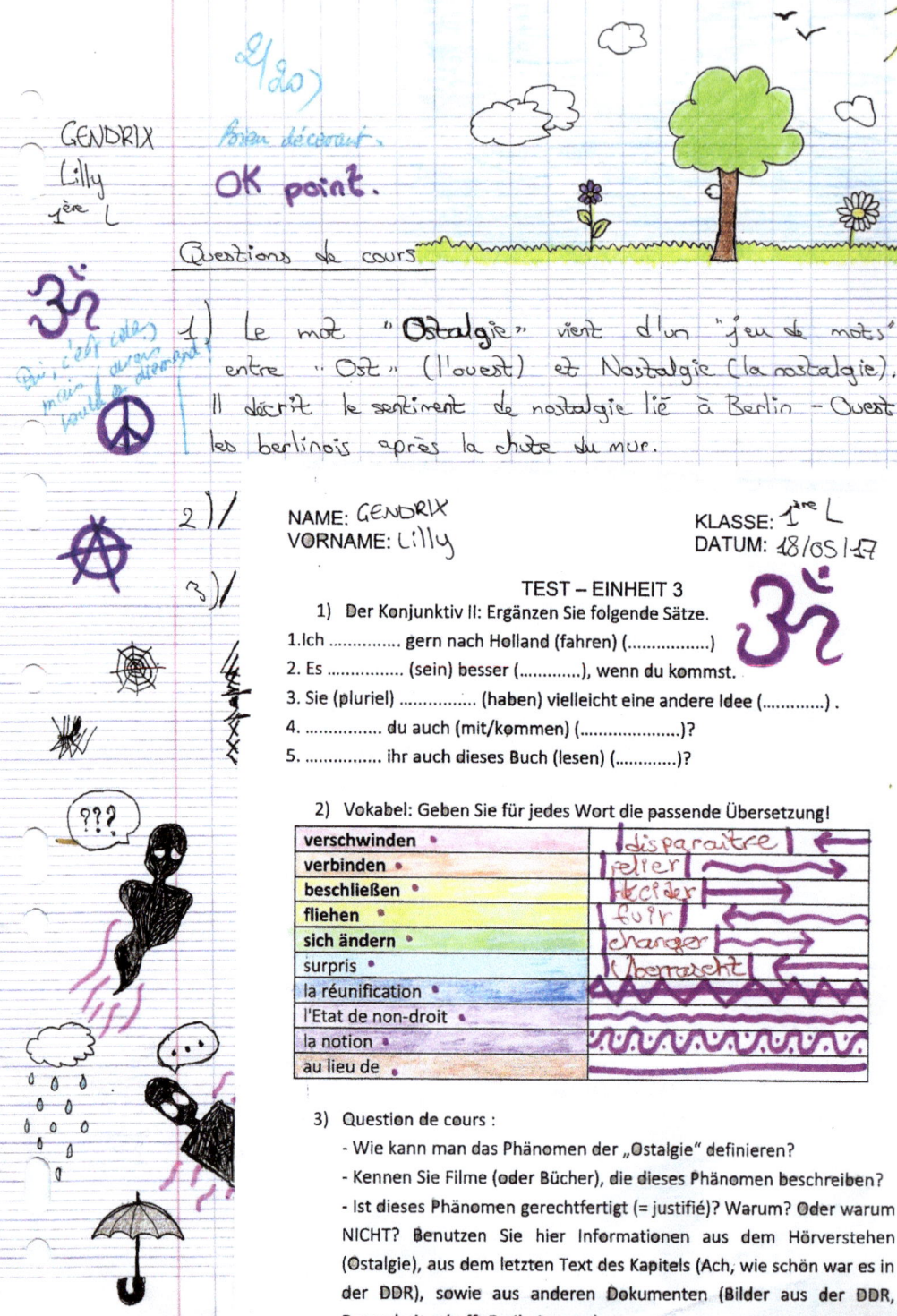

GENDRIX
Lilly
1ère L

2/20)

Bien découvert.

OK point.

Questions de cours

1) Le mot "Ostalgie" vient d'un "jeu de mots" entre "Ost" (l'ouest) et Nostalgie (la nostalgie). Il décrit le sentiment de nostalgie lié à Berlin - Ouest par les berlinois après la chute du mur.

2)/

3)/

NAME: GENDRIX
VORNAME: Lilly

KLASSE: 1ère L
DATUM: 18/05/17

TEST – EINHEIT 3

1) Der Konjunktiv II: Ergänzen Sie folgende Sätze.

1. Ich .... gern nach Holland (fahren) (................)

2. Es .... (sein) besser (............), wenn du kommst.

3. Sie (pluriel) .... (haben) vielleicht eine andere Idee (............) .

4. .... du auch (mit/kommen) (....................)?

5. .... ihr auch dieses Buch (lesen) (............)?

2) Vokabel: Geben Sie für jedes Wort die passende Übersetzung!

verschwinden	disparaître
verbinden	relier
beschließen	décider
fliehen	fuir
sich ändern	changer
surpris	überrascht
la réunification	
l'Etat de non-droit	
la notion	
au lieu de	

3) Question de cours :

- Wie kann man das Phänomen der „Ostalgie" definieren?

- Kennen Sie Filme (oder Bücher), die dieses Phänomen beschreiben?

- Ist dieses Phänomen gerechtfertigt (= justifié)? Warum? Oder warum NICHT? Benutzen Sie hier Informationen aus dem Hörverstehen (Ostalgie), aus dem letzten Text des Kapitels (Ach, wie schön war es in der DDR), sowie aus anderen Dokumenten (Bilder aus der DDR, Dummheit schafft Freiheit, usw.)

(Mindestens 70 Wörter)

Please

Oh, come closer,
Chase the monsters
In my head.

Come over,
Be my four-leaf clover
Against my existential dread.

Game over,
The day I'm
Finally dead.

Hangover,
Laying
In my bed.

I'm a loser,
That's what
I've been said.

Hé, Manu !

27/07/2018

Eh, Manu, tu descends ?
On est là, dans la rue, on t'attend !
Tu voulais qu'on te cherche, nan ?
Alors lève ton derche, et écoute-nous, maintenant.

Nous sommes la jeunesse, et on lâchera pas l'affaire,
Ta politique régresse, faudrait p't'être la refaire,
Tu crois nous avoir, mais on a du flair,
Et c'est pas ton pouvoir qui t'sortira d'affaire.

Hé, Manu,
Compte pas sur moi pour t'appeler « Monsieur le
Président »,
J'aime pas ton gouvernement, ni ses représentants,
Hé Macron, compte sur nous, compte sur moi,
On la fera, la Révolution,
Avec nos petits bras d'ados pleins de boutons,
De vieux qui réclament une meilleure condition,
D'adultes qui blâment toutes tes décisions.

En Marche ! Mon cul,
En marche arrière, surtout,
On va pas se complaire dans tout ce chahut,
Tes paroles, tes manières, m'inspirent un grand dégoût,
C'est pas des paroles en l'air, on restera debout.

Des boutiques ont ouvert, de cannabis légal,
Tu voudrais les faire taire, comme si c'était pas normal,
Tu te caches sous tes airs de chef intégral,
Tu étouffes les affaires risquant de faire scandale,
Mais le scandale, mon pote, c'est ta thèse à deux balles,
Tu te crois tout puissant, à couvert, magistral,
On se laissera pas faire par ta régression sociale,
À jouer les tyrans, tu finiras très mal,
Tu tiendras pas longtemps dans ton bureau doctoral,
Les retraites, l'université, la ZAD, le réseau ferroviaire,
T'as pas remarqué qu'on n'était pas d'accord avec tes
réformes singulières ?
Ta répression du peuple par la force policière ?
Ta ridicule république bananière ?
Qui protège ceux qui oublient leur fonction première
Pour se permettre, un jour, de tabasser nos frères ?

Crois-moi, rien n'arrête un peuple en colère,
Demande à Louis XVI et ses contestataires,
Sa majesté ridicule face aux révolutionnaires,
Prenons du recul, créons une nouvelle ère.

Hé, Manu,
Compte pas sur moi pour t'appeler « Monsieur le
Président »,
J'aime pas ton gouvernement, ni ses représentants,
Hé Macron, compte sur nous, compte sur moi,
On la fera, la Révolution,

Avec nos petits bras d'ados pleins de boutons,
De vieux qui réclament une meilleure condition,
D'adultes qui blâment toutes tes décisions.

En Marche ! Mon cul,
En marche arrière, surtout,
On va pas se complaire dans tout ce chahut,
Tes paroles, tes manières, m'inspirent un grand dégoût,
En marche ! Ma France, pour la Résistance,
C'est pas des paroles en l'air, on restera debout.

Sur le Sol

02/08/2018

J'suis juste une enfant qui a besoin
Que quelqu'un me tienne par la main
Et me dise que tout ira bien,
Mais j'pourrai pas éternellement t'aimer et te suivre comme
un chien,
T'aimer d'amour dont tu ne fais rien,
Putain, ça craint,
Pendant que tu t'enfiles shot de schnaps sur verre de vin
J'enchaîne cafés, clopes, rhum, et joints
Sans attendre 4h20,
Jusqu'à ce soir où j'écris encore des poèmes débiles en
chialant dans ma bière,
Seule dans ma chambre en m'efforçant d'pas m'foutre en
l'air.

Alors je chouine et je m'allonge par terre
Et puis j'me demande à quoi ça sert,
J'tourne en rond et j'désespère.

Toxicomaniac

05/08/2018

I guess I've got to figure it out,
No matter how it is hard to talk about :
I'm an addict, and nothing could break my habit,
I might try sometimes to call it quits
But I continue anyway, and feel like shit.

Mummy, daddy, have a sit :
The doctor says I need rehabilitation,
Because I'm in an eternal circle of addiction :
Alcohol, weed, hash, cigarettes or even food,
I always need something to increase my mood,
To fill the void with everything and anything,
I know it's unhealthy but I keep going.

And everytime I take a drag from a cigarette
I tell myself : « let's bet !
You won't be able to put it down,
To quit drinking from your own »
And I answer :
« Give it a try tomorrow,
Yeah, tomorrow, I swear,
I won't smoke or drink, truth or dare »
But deep inside these are just lies, I know.

Le Fût de Schnaps à la Mirabelle

12/08/2018

C'était une soirée
Qui commençait dans les vignes,
En fin de journée,
Et tu m'as fait signe.

Je suis venue et tu m'as dit :
« Embrasse-moi, maintenant. »
Je t'ai pas cru, gênée, j'ai souri :
« Tu te moques de moi, c'est pas marrant »

Mais t'as insisté, l'air sincère,
Je n'ai pu résister, j'ai voulu le faire
Mais j'suis restée bloquée, c'était pas possible,
J'ai réessayé, tes lèvres pour cible
Parmi le ciel bleu, les nuages et le raisin
Et comme la première fois, on s'est embrassé sous l'emprise
du vin.

Ensuite, dans l'appart',
Quand il fût nuit et tard
Un fût de schnaps à la mirabelle
En verre, immense, rendait la soirée plus belle ;
Et assise sur tes genoux, car manquant de chaises,
J'ai rosi des joues, je n'étais pas très à l'aise :
Ton attitude déjouant celle de ton habitude,
Tu étais plus doux, chassait ma Solitude.

On s'est rapproché, puis éloigné, puis engueulé,
On était saoul, et puis t'as regretté,
Tu voulais te barrer, t'as pris tes clés de voiture
Parce-que t'as pas assumé ta soudaine ouverture
De ton cœur, de tes pensées, mais heureusement
On t'a retenu de partir en courant
Et de prendre ta bagnole,
T'avais beaucoup trop bu, et repris de la gnôle,
Voulais vider le fût pour oublier comment
On t'avait aperçu : tout nu de sentiments.

J'ai ouvert les yeux et j'ai pleuré,
Dans mon lit d'hôpital, m'étant réveillée :
Que tu m'aimes en retour, trop beau pour être vrai.

L'Hôpital

14/08/2018

Au travers de ma fenêtre barrée
J'espère apercevoir
Une Twingo, une Clio grise ou une Golf noire
Se garer dans l'allée
Pour chasser mon désespoir.

L'Angoisse revient quand vient le soir
Mais aucune voiture ne se gare,
Et j'essaye de m'y faire, et de prendre sur moi :
Mes amis ne viendront pas.

Mais au travers de ma fenêtre barrée
Je garde encore l'espoir
Qu'une Twingo, une Clio grise ou une Golf noire
Se gare dans l'allée
Pour chasser mes idées noires.

Je sais pourtant qu'ils m'aiment bien :
S'ils ne viennent pas, ils n'y peuvent rien ;
Mais seulement, je me sens seule et pour moi, ils comptent
[beaucoup,
Et j'ai besoin de leurs regards et leurs mots doux.

Et au travers de ma fenêtre barrée

Je prie pour entrevoir

Une Twingo, une Clio grise ou une Golf noire

Se garer dans l'allée

Pour chasser mes cauchemars.

Quat's-en-vain

15/08/2018

Je fume un joint et j'écoute de la musique,
J'oublie tout, puis j'panique.

Je fume un joint et je m'envole dans les airs,
J'me sens bien, puis j'désespère.

Alors j'en fume un autre, pour oublier mon chagrin,
Je me vautre, puis je regarde au loin,
Et je me dis que rien ne vaut le 420.

Il est l'heure, d'ailleurs,
Alors j'allume un spliff,
Je me leurre, ailleurs
En écrivant des refrains :

Alors j'en fume un autre, pour oublier mon chagrin,
Je me vautre, puis je regarde au loin,
Et je me dis que rien ne vaut le 420.

Trop d'bédo, trop d'blanc,
Là-haut, sans faire semblant,
Tout doucement, j'apprends
À trouver le triste hilarant.

Parfois, ça me fait peur
Quand je recherche le bonheur :
Si je tombe, si je meurs,
J'aurai la main sur le cœur.

Alors j'en fume un autre, pour oublier mon chagrin,
Je me vautre, puis je regarde au loin,
Et je me dis que rien ne vaut le 420.

J'en fume un dernier, pour oublier mon chagrin,
Car ça fait quand même pitié que de ganja j'ai besoin
Pour m'échapper de la réalité du quotidien.

L'Ouragan

17/08/2018

L'Ouragan tourne, tourne, tourne dans sa ronde,
Il se sent morne, morne, morne dans ce monde,
Alors il danse, danse, danse pour oublier
Et il pense, pense, pense à ses biens-aimés.

L'Ouragan, une métaphore périmée
Que j'utilise encore dans mes poèmes inachevés,
Ceux que vous lisez, peut-être,
Ceux que j'écris pour soulager mon être.

Avec du recul, je dois admettre :
J'suis dans ma bulle, dans mon paraître,
Et c'est dur, dur, dur, si vous saviez,
D'être une artiste tourmentée,
Et c'est ridicule, ça paraît con :
J'ai beau trimer, je tourne en rond,
Ronds de fumée
Et tourbillons.

L'Ouragan tourne, tourne, tourne dans sa ronde,
Il se sent morne, morne, morne dans ce monde,
Alors il danse, danse, danse pour oublier
Et il pense, pense, pense à ses biens-aimés.

I don't think I'm a good person
Tu me le dis, et j'me sens conne,
You told me I'm a beautiful person
Au fond de moi, je ne suis bonne
You told me I'm lazy
Qu'à pleurer et écrire des poésies,
You told me I'm crazy.
Un peu d'courage sera requis.

You know I love you
Et la solitude, ça rend fou,
Tell me you love me
La lassitude, le pas-envie,
Bohemian Like You
Les meilleurs atouts
The song of my idea of you.
De toutes mes maladies.

L'Ouragan tourne, tourne, tourne dans sa ronde,
Il se sent morne, morne, morne dans ce monde,
Alors il danse, danse, danse pour oublier
Et il pense, pense, pense à ses biens-aimés.

Capitaine ! Capitaine !

19/08/2018

pour un excellent ami.

Et s'il commence à faire noir dans ton grand cœur,
Je t'écrirai des poèmes pour que tu n'aies plus peur ;
Et si ton vase d'émotions se remplit de pleurs,
Je viendrai te voir pour y mettre des fleurs ;
Si tu n'aimes plus la vie et que tu comptes les jours
Je te redonnerai l'envie d'aller y faire un tour.

J'ai peut-être pas les mots,
Peut-être pas ceux qu'il faut,
Comme ceux que tu as
Pour moi,
Mais je donnerais ma vie
Pour que tu reviennes d'entre les morts,
Un peu de mon Art aussi
Pour te prouver que tu as tort
Quand tu me dis
Que tu voudrais te jeter par dessus bord.

Camarade, tu es le capitaine sur ce navire,
Et on te laissera pas couler :
Si ton bateau chavire
On sera là pour te guider,
Et si les tempêtes ont raison de toi
On se saoulera jusqu'à la gueule de bois.

Et s'il commence à faire noir dans ton grand cœur,
Je t'écrirai des poèmes pour que tu n'aies plus peur ;
Et si ton vase d'émotions se remplit de pleurs,
Je viendrai te voir pour y mettre des fleurs ;
Si tu n'aimes plus la vie et que tu comptes les jours
Je te redonnerai l'envie d'aller y faire un tour.

Capitaine ! Reste debout !
Il reste du rhum et des bijoux,
Dans le tourne-disque : « Rose Tattoo »,
Alors lève-toi, et danse avec nous.

J'essuierai les larmes qui coulent sur tes joues,
J'te montrerai tes armes et tes meilleurs atouts,
Je te prouverai que le bonheur est partout
Mais surtout dans tes yeux
Quand tu me dis : « T'inquiète, faut être heureux. »

Et s'il commence à faire noir dans ton grand cœur,
Je t'écrirai des poèmes pour que tu n'aies plus peur ;
Et si ton vase d'émotions se remplit de pleurs,
Je viendrai te voir pour y mettre des fleurs ;
Si tu n'aimes plus la vie et que tu comptes les jours
Je te redonnerai l'envie d'aller y faire un tour.

Trouble Anxieux Généralisé [2]

21/08/2018

J'ai peur de tout, j'ai peur tout l'temps
Des tempêtes comme des Ouragans,
De la Solitude comme des gens,
De l'indifférence et du jugement.

J'ai peur tout l'temps, j'ai peur de tout,
J'ai peur tout l'temps, je suis à bout,
Pour mon argent, pour mes p'tits sous,
Comme un enfant, perdre mon doudou.

J'ai peur de toi, j'ai peur de moi,
De vous, de nous,
Qu'on ne m'aime pas,
Qu'je sois en dessous,
Quand reviendra
La paix intérieure ?
Existait-elle déjà
Ou ai-je toujours eu peur ?

Généralement, généralisée
Se fait mon Anxiété,
J'ai peur de rien, j'ai jamais peur,
Je me sens bien – c'est pas vrai, je pleure,
Je ne peux cacher
Ce que je suis vraiment :
Un trouble anxieux généralisé
Déguisé en humour noir, généralement.

Lettre d'Amour

21/08/2018

Cet aveu, sur un morceau de papier,

C'est vieux jeu, je sais, mais ça pourrait marcher ;

C'est-à-dire, je sais pas, une lettre pour aimer :

Après-tout, c'est toi, tu vas pas me juger.

Alors je déchire la page d'un cahier

Et je te crache mes mots doux :

« Je t'aime encore, désolée,

Encore après tout

Ce temps passé,

Depuis qu'au mois d'août

Nous nous sommes quittées ».

Que dalle

Moi, je suis folle de toi,

Mais qu'en as-tu à faire de moi ?

Rien, si c'est pas moins que ça,

Mais je t'aime tellement

Que le néant sera suffisant.

Temps Plein

22/08/2018

J'vais bosser à temps complet mais je reste chez mes
parents
Pour l'instant,
Faut qu'j'oublie mes rêves et que j'fasse de l'argent.
Après tout c'est vrai, j'ai tout l'temps
Devant moi,
J'y crois pas vraiment
Mais c'est c'que m'disent les gens :

« Oublie la vie d'artiste,
Fais du biff,
C'est bien plus important,
Riche, tu s'ras moins triste,
C'est plus intelligent. »

En le disant,
J'risque de décevoir mes parents
Mais :
J'veux pas faire de l'argent,
J'veux faire de l'Art et du bon temps,
Vivre la vie à cent pour cent,
Me moquer du regard des gens
Et après-tout, tant pis
Si mes poches ne sont pas remplies :
Tout l'argent du monde
Ne vaut pas une poésie.

Addictions

23/08/2018

J'achèterai du rhum
Pour nourrir mon alcoolisme
Et changer de la vodka-pomme ;
Si le barathon est un sport
Alors j'adore l'athlétisme,
Si beaucoup en sont morts
Alors tant pis pour ma vie,
Tant pis pour mon foie
Mais surtout pour ma bonne-foi :
Liqueurs et eux-de-vie
Me font voir la vie en rose,
Je mourrai sans regrets
Si je meurs d'une cirrhose.

J'achèterai de la beuh
Pour voler jusqu'aux cieux,
Car la plante du bon Dieu
Calme mes délires anxieux.
Elle les empire, parfois, c'est vrai,
Mais elle m'aide à rire quand je me pose trop de questions
Et aussi à écrire quand je n'ai pas d'inspiration,
Je la roule dans une feuille slim,
L'inspire plus que peuvent mes poumons,
Et je crache toutes ces rimes :
C'est la maxime de mes actions.

Mais l'amour ne s'achète pas
Et c'est dur de le trouver,
D'ailleurs c'est bien pour ça
Que je préfère me procurer
Liqueur et sinsémilia ;
Mon petit cœur voudrait t'aimer
Mais tu t'en fiches de moi.
Alors je fume et je bois
Pour oublier que tu n'm'aimes pas,
Pour combler le vide et le désarroi,
J'détruis ma santé et mon foie,
Ma bonne volonté et ma bonne-foi,
Mais au fond, ça va de soi :
Je préférerais tes bras,
Tes paroles et tes câlins
Mais jamais tu m'les donneras,
Alors autant fumer un joint,
Plus facile ce sera
De vider une teille de vin,
Parce-que sans toi
Ça sert à rien,
Seule dans mes draps,
J'ai trop d'chagrin :
Peut-être que la drogue me tuera
Mais elle, au moins
Elle me juge pas,
Elle sait me tenir la main
Lorsque tu n'es pas là.

L'Art

28/08/2018

Aaargh, j'ai la rage de vivre,
Je veux braver les orages,
Je veux toujours être ivre.

J'ai pas choisi d'être une artiste,
C'est seulement le résultat de mes pensées trismégistes –
Et un peu trop tristes –
Je suis une anarchiste,
Une rêveuse,
Une amoureuse –
Une pacisfiste,
Un Ouragan –
J'ai ça dans l'sang
Et j'laisserai pas ce Monde sans
Mon engagement,
Je ne prendrai pas mon envol
Sans mes rimes peu frivoles
Sans mes inspirations qui découlent
De fumée et de gnôle
Parfois, ou de mes larmes qui coulent
Ou de ma vie qui s'écroule –
Des fois, je me roule en boule
Et je voudrais laisser tomber –
Sur le sol, plus envie de rien,
Je picole – pour chasser les songes malsains –
Les apeurés, incompris
Qui me clouent au lit.

Mais j'ai des pinceaux et une plume,
Une corbeau – perdu dans la brume,
Tout est plus beau quand le joint se consume,
Quand je fume, quand je consomme,
Le chant des sirènes qui résonne
M'attire vers le suicide et vers le rhum,
M'attire vers les abysses : « je suis une mauvaise personne »,
Mais je crois en ce que je fais, un peu moins en ce que je dis,
J'étais cette enfant qui rêvait, qui ne comprenait pas la vie
Ni ce qu'elle était, mais maintenant j'ai grandi :
Faut que j'arrête de m'enliser et que je retrouve l'envie
Et pour ça, heureusement, j'ai des crayons et des feutres
Pour lutter contre les fantômes qui me font me sentir pleutre ;
Un ukulélé, aussi, et même des amis,
J'ai encore quelques rires et quelques vapeurs
Au fond de mon âme, qui combattent mes terreurs,
Qui m'empêchent d'avoir peur
Et grandissent comme des fleurs
Contre le béton de torpeur
Puisque cette petite fille qui pleure,
Je n'peux plus rien pour elle,
Je dois aider sa grande sœur –
Lui faire pousser des ailes,
Celles qu'elle croyait avoir grillées
En voulant toucher le soleil,
Celles qui étaient inespérées
En levant les yeux au ciel,

Celles dont j'ai toujours rêvé,
Celles que je vais dessiner.

C'est pour ça que j'ai besoin de m'exprimer,
Que pour moi, l'Art est partout
Et que je prends plaisir à le créer
Petits bouts par petits bouts –
Poème après dessin,
Dessin après peinture
J'envoie dans le pétrin
Les passions qui me torturent –
Chaque goutte d'encre
C'est comme un marin qui lève l'ancre,
Comme un écolier devient cancre
Je me fais artiste tourmentée,
Incomprise, décalée ;
Mes recueils sont posés là, sur l'étagère :
Entre Baudelaire
Et *Les Rêveries du Promeneur Solitaire*,
J'ai enfin fait mon deuil –
Je tairai son nom cette fois, car ça ne va pas lui plaire –
Je regarde mon cercueil
D'un mauvais œil,
Avant de m'y reposer
Je devrai le décorer
D'aspirations et d'art abstrait
Pour partir le cœur léger –
La main dessus,
Vivre ne m'angoisse plus.

Pour moi, je ne puis rien garder,

J'ai besoin de rire et de pleurer,
De parler –
De créer, de peindre, d'écrire,
De dessiner des sourires,
De crier, de geindre, de tout dire,
De rêver, de jouer de la musique,
De chanter, avec mon p'tit ukulélé,
De briser les murs de briques
Avec ma voix désaccordée,
Je ne partirai jamais
En laissant l'Histoire sans Art,
Je ferai tout ce que je pourrai
Pour que le Monde puisse y croire,
Croire qu'il puisse être plus beau
Grâce à quelques coups de pinceau.

Alors laissez-moi pleurer, laissez-moi écrire, laissez-moi
créer

PARCE QUE
J'AI BESOIN DE

M'EXPRIMER